BOEKANALYSE

Antigone

• • • • • • • • • • • • • • • • • •

Sophocles

BOEKANALYSE

Geschreven door Valérie Nigdelian-Fabre
Vertaald door Nikki Claes

Antigone

SOPHOCLES

SOPHOCLES — 5

Griekse toneelschrijver — 5

ANTIGONE — 6

De geboorte van de legende van Oedipus — 6

SAMENVATTING — 8

Proloog — 8
Parodos: de entree van het koor — 8
Scène I — 9
Scène II — 9
Scène III — 9
Scène IV — 10
Scène V — 10
Scène VI — 11
Exodus: de uitgang van het koor — 11

KARAKTERSTUDIE — 12

Antigone — 12
Creon — 12
Ismene — 14
Haemon — 15
Het koor — 15

ANALYSE — 17

Mythologie — 17
De held: alleen tegen de wereld — 17
Antigone: het toneelstuk gebouwd op binaire oppositie en dualiteit — 18
De rijken van de levenden en de doden — 21
Tragische ironie — 21

VERDERE REFLECTIE — 23

Enkele vragen om over na te denken... — 23

VERDER LEZEN — 25

Referentie-uitgave — 25
Aanpassingen — 25

SOPHOCLES

GRIEKSE TONEELSCHRIJVER

- **Geboren in Athene in ongeveer 496 v. Chr.**
- **Stierf in Athene in ongeveer 406 v. Chr.**
- **Opmerkelijke werken:**
  - *Antigone* (ongeveer 442 voor Christus), tragedie
  - *Philoctetes* (409 BV), tragedie
  - *Oedipus in Colonus* (401 JC – postuum uitgegeven), tragedie

Samen met Aeschylus en Euripides is Sophocles een van de bekendste tragici uit de Griekse oudheid. Hij werd geboren in ongeveer 496 voor Christus en stierf in ongeveer 406 voor Christus. Tijdens zijn leven schreef hij meer dan honderd tragedies, waarvan er slechts zeven tot op heden bewaard zijn gebleven. Tot deze tragedies behoren *Oedipus de Koning* en *Antigone.* In tegenstelling tot zijn voorganger Aeschylus legt Sophocles' toneelstukken minder nadruk op het koor (een groep artiesten die de dramatische actie becommentariëren door eenstemmig te zingen of te spreken), en concentreert hij zich meer op de innerlijke gedachten en psyche van de held. In Aristoteles' *Poëtica wordt* Sophocles en zijn werk vaak aangehaald als het ultieme model van de Griekse tragedie.

ANTIGONE

DE GEBOORTE VAN DE LEGENDE VAN OEDIPUS

- **Genre:** toneelstuk (tragedie)
- **Referentie uitgave:** Sophocles [geen datum] *Antigone*. [online]. Trans. Fitz, D. en Fitzgerald, R. [Accessed 12 July 2016]. Beschikbaar via: < https://mthoyibi.files.wordpress.com/2011/05/antigone_2.pdf>
- **Eerste uitgave:** ongeveer 442 voor Christus
- **Thema's:** mythologie, lot, revolutie, dualiteit, liefde, macht, dood.

Antigone, voor het eerst opgevoerd rond 442 voor Christus, is zonder twijfel de meest gevierde van alle Griekse tragedies. Door de eeuwen heen is het relevant gebleven, vaak door herinterpretatie en heruitvinding. *Antigone is* het laatste van Sophocles' Thebaanse toneelstukken, een cyclus van drie toneelstukken met *Oedipus de Koning* en *Oedipus in Colonus*. In *Antigone* verwacht Sophocles dat het publiek enige voorkennis heeft van het verhaal uit de voorgaande toneelstukken.

Het stuk draait om Antigone, de dochter/zus van Oedipus, en het verschrikkelijke lot dat haar wacht. Nu haar broers Eteocles en Polyneices elkaar hebben vermoord in een machtsstrijd om de heerschappij over Thebe, heeft Creon bepaald dat Polyneices niet wordt begraven en dood op het slagveld ligt. Antigone trotseert hem en heiligt Polyneices' lichaam met heilige riten. Door verschillende ontwikkelingen wordt zij uiteindelijk voor haar daden ter dood veroordeeld en toont zij zich daarmee de belichaming van de dissidentie tegenover de gevestigde orde.

SAMENVATTING

PROLOOG

Het stuk opent op de dag nadat Eteocles en Polyneices, de twee zonen van Oedipus, elkaar hebben gedood in de burgeroorlog in Thebe. Antigone vertelt haar zus Ismene dat hun oom Creon, voortaan de koning van Thebe, bevolen heeft Polyneices' lichaam niet te begraven en geen begrafenisrituelen te ontvangen. Antigone is vastbesloten het bevel van Creon negeren en is bereid daarbij leven te riskeren.

PARODOS: DE ENTREE VAN HET KOOR

Het koor vertelt het verhaal van de dodelijke strijd waaruit Thebe als winnaar tevoorschijn is gekomen. Sinds hun vader was verbannen (Sophocles schetst dat verhaal in *Oedipus in Colonus*), hadden Eteocles en Polyneices afgesproken de verantwoordelijkheid voor de Thebaanse troon te delen door om de beurt een jaar lang te regeren. Dit moest een oplossing zijn voor de vloek van Oedipus, die voorspelde dat ze elkaar zouden doden. Maar toen het zover was, weigerde Eteocles de kroon op te geven en zijn broer Polyneices reageerde door een leger van zeven man te formeren om oorlog te voeren tegen de stad Thebe (Aeschylus vertelt een gedetailleerde versie van dit verhaal in zijn toneelstuk *Zeven tegen Thebe*, 467 v.Chr.). Op één na stierven alle mannen in de strijd, naast de twee "bloedbroeders / Oog in oog met elkaar in weergaloze woede / Spiegelden elkaars dood / Stonden tegenover elkaar in een lang gevecht". (regels 119-125).

SCÈNE I

Creon, de pas uitgeroepen koning van Thebe, schetst zijn visie en principes voor zijn bewind, waarbij hij sterk de nadruk legt op het devote patriottisme dat hij van alle onderdanen verwacht. Omdat hij de overleden Polyneices als het tegenovergestelde ziet, iemand die oorlog voerde tegen zijn eigen stad, verklaart Creon dat niemand Polyneices' lichaam zal aanraken en dat hij niet zal begraven. Zijn broer Eteocles daarentegen wordt in zijn dood verheerlijkt als patriot en held. Wanneer een schildwacht komt aankondigen dat Polyneices' lichaam onder het stof is gevonden na een symbolische begrafenis, beveelt Creon de schildwacht de dader te vinden of zelf ter dood veroordeeld te worden.

SCÈNE II

Antigone wordt gearresteerd wanneer ze het lichaam van Polyneices bedekt nadat de bewakers het hebben blootgelegd. Gevangen op de plaats van de misdaad geeft een woedende Antigone haar daad zonder de minste aarzeling toe. Ze verzet zich tegen Creon en verdedigt resoluut de goddelijke gerechtigheid door Creons bevelen aan te klagen als willekeurig en immoreel. Ze wijst elke hulp van haar zus Ismene af, die probeert de schuld op zichzelf af te schuiven. Zo redt ze het leven van Ismene. Via Ismene komt het publiek te weten dat Antigone verloofd is met Creons zoon Haemon.

SCÈNE III

Haemon verschijnt op het toneel. Hij verklaart publiekelijk trouw aan zijn vader Creon, maar probeert hem toch over te halen. Antigone niet te doden door hem te vertellen dat het Thebaanse volk daartegen is. Creon negeert Haemon's argumenten, en er ontstaat een breuk tussen hen. Hun discussies ontaarden in een bittere ruzie en Haemon verwijt zijn vader fel dat hij halsstarrig is, blind voor de waarheid om hem heen en een tiran. Dit werkt als een stimulans om na te denken over het wezen van de democratie zelf.

Nadat Haemon in woede is vertrokken, vermindert Creon enigszins de straf die hij aanvankelijk voor de twee zusters had gepland. Hij laat Ismene vrij en beveelt Antigone levend te begraven in een graf in plaats van gestenigd te worden.

SCÈNE IV

Berustend in haar lot wordt Antigone naar haar levende graf gebracht en betreurt zij het leven als vrouw dat zij nooit zal leiden, omdat haar leven als jong meisje, vers uit haar kindertijd, bruut is afgebroken.

SCÈNE V

De blinde profeet Tiresias komt binnen en waarschuwt Creon dat Polyneices' lichaam snel begraven moet worden omdat het de goden heeft beledigd en ongeluk over heel Thebe zal brengen. Creon beschuldigt Tiresias aanvankelijk van leugens en corruptie, maar stemt uiteindelijk na veel geruzie in met de begrafenis. Temidden van de dreiging van een wijdverspreide besmetting beveelt hij uiteindelijk dat Antigone wordt bevrijd en dat Polyneices' lichaam een begrafenisritueel en een fatsoenlijke begrafenis krijgt met de woorden "De wetten van de goden zijn machtig, en een man moet ze dienen / tot de laatste dag van zijn leven!" (regels 879-880). (regels 879-880).

SCÈNE VI

Een boodschapper arriveert om het koor en Eurydice – Creons vrouw en Haemons moeder – op de hoogte te stellen van het tragische einde dat de jonge geliefden is beschoren: Antigone heeft zich opgehangen, Haemon probeerde zijn vader aan te vallen en pleegde vervolgens voor zijn ogen zelfmoord. Bij het horen hiervan trekt Eurydice zich zwijgend terug.

Wanneer hij terugkeert naar het paleis, moet Creon zijn verschrikkelijke fout aanvaarden, maar zijn lot wordt nog erger: ook Eurydice pleegt zelfmoord. Voor Creon is het allemaal te laat; hij is voor eeuwig vervloekt. Hij betreurt zijn eigen lot: "Ik heb mijn zoon en mijn vrouw gedood. / Ik zoek troost; Mijn troost ligt hier dood. / Wat mijn handen hebben aangeraakt is tot niets gekomen." (regels 1035-1038).

EXODUS: DE UITGANG VAN HET KOOR

Het refrein onthult de ware moraal van het verhaal: "Er is geen geluk waar geen wijsheid is; / Geen wijsheid dan in onderwerping aan de goden." (regels 139-140).

KARAKTERSTUDIE

ANTIGONE

Antigone is de zus van Oedipus en zijn dochter. Zij is het slachtoffer van een vloek over een lange lijn van de Labdaciden.

Ze is een jonge vrouw en is nog maagd. Ze is zowel kwetsbaar als sterk; ze staat alleen tegenover het gevaar en de tirannie van Creon. Hierdoor is zij het beeld van zowel de plichtsgetrouwe dochter (zij treedt op als een tedere en liefdevolle gids voor Oedipus in zijn ballingschap naar Colonus) als van de revolutionaire, samengevat in de woorden: "Zo vader, zo dochter: beiden eigenwijs, doof voor rede!" (regel 375). (regel 375). Zij verdedigt de liefde tegen de politieke rationaliteit en het idealisme tegen het realisme; zij is deugdzaam, onwrikbaar en moreel. Hegel noemt haar het meest nobele wezen dat ooit op aarde heeft rondgelopen. Maar wanneer Antigone zichzelf doodt en kiest voor de wereld van de doden, zou men kunnen stellen dat zij in haar dood een soort fanatieke fundamentaliste wordt, die rechtstreeks tegenover Creon staat, het beeld van nationalisme en secularisme.

CREON

Creon is de broer van Jocasta, en daarom de natuurlijke erfgenaam van de troon van Thebe nadat de zonen van Oedipus elkaar hebben gedood. Hij wordt aanvankelijk voorgesteld als een figuur van absolute macht, sprekend over de verantwoordelijkheden en moeilijkheden van het bestuur. De regels "De man die weet hoe te gehoorzamen, en die man alleen, / Weet hoe bevelen te geven" (regels 530-1) laten zien dat hij de incarnatie is van sociale orde, burgerlijke gehoorzaamheid en discipline. Hij ontpopt zich al snel als een genadeloze tiran, trots en eigenwijs. Hij knijpt elke tegenstand door de vingers, zelfs als die van zijn eigen zoon komt. Het enige dat hem uiteindelijk dwingt zijn gedrag te veranderen is de dreiging van een straf van de goden, maar dan is het al te laat.

GOED OM TE WETEN: DE LABDACIDS

Nadat Europa, dochter van Agenor, was ontvoerd door Zeus, die de vorm van een machtige stier aannam… ging haar broer Cadmus op zoek naar haar. Op advies van een orakel gaf Cadmus echter zijn zoektocht naar Europa op en stichtte in plaats daarvan de stad Thebe. Hij trouwde met Harmonia, dochter van Ares en Aphrodite. Ze kregen drie kinderen: Agave, van wie Creon en Jocasta zouden afstammen, Semele, de moeder van Dionysos, en Polydros, de vader van Labdacus. De nakomelingen van Labdacus staan bekend als Labdaciden; Oedipus maakte deel uit van deze voorouderlijke lijn. Na de dood van Labdacus kwam zijn zoon Laius onder de hoede van de regent Pelops. Laius werd verliefd op Pelops' zoon en ontvoerde hem – dit maakte Hera woedend en zij vervloekte hem en al zijn nakomelingen. Later waarschuwde het orakel van Delphi hem dat hij nooit kinderen mocht krijgen als hij de stad Thebe wilde redden en zichzelf van de dood wilde redden. Laius sloeg dit advies echter in de wind en kreeg een zoon bij

Jocasta. Het kind – Oedipus – werd achtergelaten op de berg Cithaeron, maar werd opgevangen door een herder en geadopteerd door de koning en koningin van Korinthe. Als man hoorde Oedipus een vreselijke voorspelling van het orakel van Delphi dat hij zijn vader zou doden en met zijn moeder zou trouwen. Om aan de vloek te ontsnappen, ontvluchtte hij Korinthe en trok naar Thebe, onbewust op weg naar zijn eigen vreselijke lot. Onderweg ontmoette hij Laius en doodde hem in een gewelddadige woordenwisseling.

In Thebe aangekomen gaf Oedipus het juiste antwoord op het raadsel van de Sfinx en won daarmee de troon en de hand van koningin Jocasta; de voorspelling was uitgekomen. Thebe werd daarom vervloekt door incest en moord en werd geteisterd door een mysterieuze epidemie. In de hoop de epidemie te beëindigen, zocht Thebe naar de persoon die Laius had vermoord en kwam gaandeweg de vreselijke waarheid te weten. Jocasta hing zichzelf op, niet in staat om te verdragen wat er was gebeurd. Toen hij zijn moeder/vrouw dood vond, verblindde Oedipus zichzelf met haar broche en verliet Thebe, zijn zonen achterlatend om het slachtoffer te worden van de vloek.

ISMENE

Ismene is de zus van Antigone. Zij is rustiger en bedachtzamer dan haar zus, bereid om bevelen op te volgen en zich bewust van de gevolgen van haar mogelijke acties. Hoewel ze aanvankelijk pragmatisch is, riskeert ze al snel haar eigen leven in de hoop haar zus te redden.

In eerdere versies van dit verhaal uit de mythologie komt Ismene niet voor als personage. Maar aangezien Sophocles het conflict behandelt dat ontstaat door het lichaam van Polyneices en Creons bevel om het niet te begraven, stelt de uitvinding van Ismene de toneelschrijver in staat morele vragen te stellen over de juiste weg in zo'n situatie, en een krachtig contrast te creëren met Antigones wrede radicalisme.

HAEMON

Haemon was altijd een plichtsgetrouwe en respectvolle zoon geweest tegenover zijn ouders Creon en Eurydice, totdat hij allemaal verandert door zijn vader te trotseren en Antigone, met wie hij verloofd is, te verdedigen. Voordat hij zichzelf doodt, spuugt hij in het gezicht van zijn vader. Haemon vertegenwoordigt de jeugd, het volk en de democratie. Dit staat in direct contrast met Creon, de belichaming van leeftijd en tirannie. Ismene en Haemon kunnen samen worden opgevat als de gematigde afspiegelingen van Antigone en Creon, de belichamingen van het radicalisme en de ware helden van de handeling.

HET KOOR

Het koor bestaat uit vermomde en gemaskerde Atheense burgers. Hun rol bestaat erin de plot te becommentariëren door middel van zang en spraak, en hun tussenkomsten onderbreken de verschillende scènes van het stuk. De woorden van het koor plaatsen hen op een zekere afstand van de actie en gaan een beetje een eigen leven leiden. Hierdoor wordt het koor tegelijkertijd de perfecte toeschouwer en verbindt het zich met het universele, als een collectieve manifestatie van de menselijke conditie. Deze universaliteit klinkt vooral door in het lied over de liefde dat volgt op de dialoog tussen Haemon en Creon en de ode over de triomf van de mens over de natuur.

ANALYSE

MYTHOLOGIE

Zoals het geval is met de meeste Griekse tragedies die tot op heden bewaard zijn gebleven, is Sophocles' *Antigone* geïnspireerd op de stichtende mythen van de Griekse beschaving, die sinds mensenheugenis via de mondelinge overlevering zijn doorgegeven. De episode van de Griekse mythologie die voor het drama het belangrijkst is, is de Trojaanse oorlog; bijna de helft van de tragedies die de tand des tijds hebben overleefd, verkennen dit deel van de geschiedenis. Sophocles' trilogie vertelt echter het verhaal van de Labdaciden – de lijn die begon met Cadmus, de stichter van Thebe – en hun vervloekte lot. *Antigone is* chronologisch gezien het derde stuk, na *Oedipus de Koning*, waarin Oedipus de verschrikkelijke waarheid ontdekt, en *Oedipus in Colonus*, waarin Oedipus wordt verbannen en sterft. Toch werd *Antigone* in feite vóór de andere stukken geschreven, en concentreert het zich op een aspect van de mythe dat weinig onderzocht was voordat Sophocles het tot onderwerp van zijn werk maakte, namelijk Polyneices' lichaam dat veroordeeld is om onbegraven en onheilig te blijven liggen.

DE HELD: ALLEEN TEGEN DE WERELD

Van de zeven overgeleverde toneelstukken van Sophocles hebben er zes een gelijknamige held of heldin, wat betekent dat het werk is vernoemd naar een van zijn personages

(*Ajax, Elektra, Philoctetes,* enz.). Uit zo'n opdragen blijkt Sophocles' nadruk op de figuur van het individu dat onbeweeglijk en vastberaden tegenover tegenslag staat. Sophocles' helden zijn meestal solitair en vastberaden; vaak zijn het jonge vrouwen die de compromissen trotseren die inherent zijn aan het volwassen worden. Deze radicale helden spelen zich af tegen een achtergrond van theatrale vernieuwing die Aristoteles toeschrijft aan Sophocles: Sophocles voegde een derde acteur toe aan zijn plots waar er traditioneel maar twee waren. Dit voegt een nieuwe dimensie van complexiteit toe aan de verhaallijn en maakt een echte verkenning van de psychologische nuances van de personages mogelijk. Geïsoleerd en koppig is de Sophocleaanse held voorbestemd voor een tragedie, hetzij door eigen toedoen, hetzij door een poging te ontsnappen aan de wil van de goden. Ajax doodt zichzelf ondanks de wanhopige pogingen van haar familie, Elektra brengt haar verlangen naar wraak tot het dodelijke uiterste en Antigone verkiest de dood boven gehoorzaamheid. Dit destructieve radicalisme is een combinatie van vrije wil en noodlot. Het inspireert en vormt de krachtige mechanismen van de tragedie en geeft de toneelstukken van Sophoclean een waar gevoel van sublimiteit; boven de personages in het stuk staan grote machten die absolute autoriteit hebben en het ultieme offer kunnen eisen.

ANTIGONE: HET TONEELSTUK GEBOUWD OP BINAIRE OPPOSITIE EN DUALITEIT

Antigone is opgebouwd rond een reeks tegenstrijdige en onherleidbare tegenstellingen die prachtig doorvloeien in de vier agonscènes – de opeenvolgende scènes waarin twee personages tegenover elkaar staan en waarin contrasterende waarden en ideeën worden verkend. Sophocles vond stichomythia uit – een theatraal hulpmiddel waarbij twee personages afwisselende versregels spreken. Dit stelt de toneelschrijver in staat om dramatische spanning op te bouwen en om felle tegenstellingen, die steeds onverzoenlijker lijken, dramatisch uit te beelden. Bijvoorbeeld, als Creon verklaart: "Een vijand is een vijand, zelfs dood." (regel 417), antwoordt Antigone met "Het ligt in de aard van de mens om zich te verenigen in liefde, niet in haat." (418). Deze woordenwisseling leidt tot Creons dramatische repliek: "Ga dan met hen mee; als je je liefde moet hebben, / zoek het in de hel!". (419-20). Het debat leidt onvermijdelijk tot een onmogelijke dialoog die eindigt in de dood.

- De ruzie tussen Ismene en Antigone over het begraven van hun dode broer is de eerste agon-scène. Terwijl hun discussie op een tedere en liefdevolle manier begint, ontaardt deze al snel in een gewelddadige tegenstelling tussen Antigone, die ondanks Creons bevel de heilige riten op het lichaam van haar broer wil uitvoeren, en Ismene in haar pragmatische fatalisme.

- De volgende confrontatie vindt plaats tussen Antigone en Creon, en kan op verschillende manieren gelezen worden, waardoor ze nog belangrijker wordt in Sophocles' meesterlijke drama en poëzie. De scène toont de botsing tussen de heilige liefde tussen broers en zussen en de rationele objectiviteit van de staat – met andere woorden, de wet van de goden tegenover aardse sociale rechtvaardigheid en rede. De scène kan echter ook worden gezien als een verkenning van de tegenstelling tussen jeugd en ouderdom, die op haar beurt verband houdt met respectievelijk politiek idealisme en politiek realisme. Verder zijn er nog andere thematische dimensies in de scène, zoals het individu versus de maatschappij, natuur versus cultuur en zelfs de levenden versus de doden. Ten slotte verkent de scène sterk de contouren van de tegenstelling tussen mannen en vrouwen, waarbij Antigone de vrijheid van en de woede tegen de patriarchale heerschappij vertegenwoordigt. Zij is immers een jong meisje dat tegenover de absolute patriarchale macht staat en haar onafhankelijkheid, haar vrije wil en haar recht om de gebeurtenissen volgens haar eigen morele kompas te beoordelen, opeist.

- Dan volgt de verhitte discussie tussen Haemon en Creon. Deze wordt aanvankelijk gekenmerkt door gehoorzaamheid en solidariteit, maar slaat al snel om in rebellie. Dit illustreert niet alleen een zoon tegen zijn vader, maar meer algemeen de slaaf tegen de tiran. Haemon laat al snel de rol van plichtsgetrouwe zoon achter zich en verwerpt het willekeurige bewind van zijn vader ("Het is geen stad als het bevelen aanneemt van één stem.", regel 597). Hij gaat zelfs zo ver dat hij zijn vader wreed beledigt en bedreigt – "Als je mijn vader niet was, / zou ik zeggen dat je pervers was." (regels 615-616).

- De laatste oppositiedialoog vindt plaats tussen Creon en Tiresias, waarbij de schijnwerper wordt gericht op mensen versus goden, en natuurlijke orde versus goddelijke orde. Creon is verblind door haat en is niet in staat zijn eigen schuld te erkennen, nu Thebe "bevlekt is met het bederf van honden en aasvogels / Die zich tegoed doen aan het lijk van Oedipus' zoon." (regels 798-799). (regels 798-799). Hij beledigt Tiresias en vervloekt daarmee zichzelf en zijn familie.

Als zodanig illustreert het stuk hoe alleen rampspoed kan voortkomen uit een systeem dat is opgebouwd uit onverzoenlijke verschillen zonder mogelijkheid tot compromissen met betrekking tot principes en het gebruik van geweld.

DE RIJKEN VAN DE LEVENDEN EN DE DODEN

De belangrijkste controverse in de plot is die van het recht op een heilige begrafenis en heilige rituelen. In de context van het stuk zijn deze riten van vitaal belang voor de doden, wier geesten anders veroordeeld zijn tot eeuwige omzwervingen, nooit in vrede. Ze zijn echter ook van groot belang voor de levenden, want een onheilig verklaard lijk brengt vervloekingen van de goden met zich mee. De dreiging van kwaadaardige goddelijke interventie doemt gedurende het hele stuk op; terwijl Polyneices' lichaam wordt achtergelaten om weg te rotten in de open lucht, een prooi voor wilde vogels en honden, wordt Antigone levend begraven in een tombe. Dit vertegenwoordigt een verwarring tussen de wereld van de levenden en het rijk van de doden, waardoor Thebe een stad wordt die de goddelijke wet overtreedt en daarmee een ware bedreiging voor de hele kosmische orde. Om alles weer normaal te maken, moet Creon aftreden.

TRAGISCHE IRONIE

Sophocles is de meester van de tragische ironie. Tragische ironie in het theater komt voort uit het contrast tussen het publiek dat weet dat de daden van een personage tot een tragedie zullen leiden, terwijl het personage dat zelf niet weet. Deze kloof tussen de kennis van het publiek en de hoofdpersoon introduceert een subtiele dialectiek tussen de kwestie van de eigen wil van de held en de goddelijke voorbestemming; terwijl de held denkt dat hij vrij is, wordt het personage over het algemeen getoond als een pion in het spel van de goden. *Oedipus de Koning* toont een bijzonder meesterlijk gebruik van tragische ironie wanneer Oedipus aan zijn lot probeert te ontsnappen door Korinthe en zijn geadopteerde ouders te ontvluchten (hij gelooft dat zij in plaats daarvan zijn biologische ouders zijn), terwijl hij in feite recht op zijn eigen ondergang en de vervulling van de profetie afloopt. Deze ironie maakt Oedipus' geleidelijke inzicht in de situatie des te tragischer, naar het moment van gruwelijk inzicht wanneer hij zichzelf verblindt. Het lot van Antigone lijkt ook in de sterren geschreven – zij stamt af van Labdacus en wordt daarom gevolgd door de vloek van de Labdaciden, waardoor haar eigen vrijheid en haar verantwoordelijkheid voor haar daden, als vervloekt kind van Oedipus, in twijfel worden getrokken.

VERDERE REFLECTIE

ENKELE VRAGEN OM OVER NA TE DENKEN...

- Jacques Lacan (Frans psychoanalyticus, 1901-1981) noemt Antigone het ideale slachtoffer in haar eigen keuze om veroordeeld te worden. Hij heeft opgemerkt dat Sophocles zich onderscheidt van andere schrijvers door helden te creëren die altijd op de laatste plaats eindigen. Bespreek dit idee.

- Is Antigone's offer representatief voor de prijs die betaald moet worden voor het rebelleren tegen de orde?

- Hoe botst Sophocles' nadruk op individualisme met de sociale banden tussen zijn personages? Hoe hangt dit samen met het idee van burgerschap en hoe zou je dat definiëren?

- Antigone breekt met de traditionele vrouwelijke rollen en laat zich gelden tegen het patriarchale gezag. Bespreek Ismene's uitspraak. "Wij zijn slechts vrouwen, / Wij kunnen niet met mannen vechten, Antigone!" (regel 47-48).

- Antigone is een figuur die in veel opzichten wordt bepaald door haar rol ten opzichte van machtige mannen; de dochter van Oedipus en de verloofde van Haemon. Hoe bouwt ze, gezien deze beperkingen, haar onafhankelijkheid op en brengt ze die tot uitdrukking?

- Antigone vertegenwoordigt een figuur van vrijheid, anarchie, revolutie en verzet. Bespreek hoe Sophocles' schrifttuur en de structuur van het stuk haar in staat stellen deze concepten te belichamen.

- Hoe kan oude mythologie relevant zijn in de moderne tijd?

- Terwijl de Griekse tragedie haar culturele hoogtepunt had in Athene, welke technische innovaties bracht Sophocles in het genre?

- Antigone stelt dat haar "misdaad heilig is" (regel 56). Bespreek de begrippen misdaad en goddelijkheid in het stuk.

- Creon stelt dat een stad geregeerd moet worden door een absolute leider, maar het stuk kan gezien worden als een pleidooi voor een andere versie van de Griekse democratie – bespreek deze tegenstelling en de concepten van bestuur in *Antigone*.

VERDER LEZEN

REFERENTIE-UITGAVE

Sophocles [geen datum] *Antigone*. [online]. Trans. Fitz, D. en Fitzgerald, R. [Accessed 12th July 2016]. Beschikbaar via: < https://mthoyibi.files.wordpress.com/2011/05/antigone_2.pdf>

AANPASSINGEN

Antigone is het onderwerp geweest van verschillende herinterpretaties en theaterbewerkingen, wat getuigt van haar universaliteit en haar relevantie, zelfs vandaag de dag. Enkele opmerkelijke voorbeelden zijn:

Garnier, R. (1580) *Antigone ou la Piété*.

Rotrou, J. (1637) *Antigone*.

Alfieri, V. (1776) Antigone. Een toneelstuk gericht op de politieke dimensie van Sophocles' *Antigone*.

Cocteau, J. (1922) *Antigone*. Eerste moderne bewerking van het toneelstuk.

Anouilh, J. (1944) *Antigone*.

Brecht, B. (1948) *Antigone*.

Bauchau, H. (1997) *Antigone*.

*We horen graag van jou! Laat
een reactie achter op jouw online bibliotheek
en deel je favoriete boeken op social media!*

De uitgever garandeert de betrouwbaarheid van de gepubliceerde informatie, die echter niet onder zijn verantwoordelijkheid valt.

www.50minutes.com

Master ISBN: 9782808687898
Papier ISBN: 9782808699297
Wettelijk depot: D/2023/12603/1209

Omslag: © Primento

Digitaal ontwerp: Primento, de digitale partner van uitgevers.